D1748651

cocon

Lieselotte Wendl

Gestrandet, heimgekehrt und obdachlos
Kirchlicher Sozialdienst hilft Menschen am Frankfurter Flughafen

Lieselotte Wendl
Gestrandet, heimgekehrt und obdachlos
Kirchlicher Sozialdienst hilft Menschen am Frankfurter Flughafen
Fotos: Ilona Surrey
Titelgestaltung: Daniel Nachtigal

Erschienen im CoCon-Verlag, Hanau
www.cocon-verlag.de
ISBN 978-3-86314-280-3

Dieses Buch entstand mit Unterstützung von:

Fraport AG
Deutsche Lufthansa AG
CONDOR Flugdienst GmbH

Wir danken herzlich dafür.
Der Kirchliche Sozialdienst für Passagiere ist eine Einrichtung des Diakonischen Werkes für Frankfurt am Main des Evangelischen Regionalverbandes.

Spendenkonto: Evangelische Bank
IBAN: DE115 20604 100 10 4000 200
BIC: GENODEF1EK1
Verwendungszweck:
Kirchlicher Sozialdienst für Passagiere

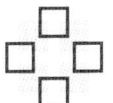

Inhaltsverzeichnis

Vorwort: Bettina Janotta — 10

Einleitung — 14

Gestrandet — 16
1. Drei Nächte im Transit bedeuteten die Rettung — 18
2. Auf rosaroten Flip-Flops in ein neues Leben — 20
3. Wenn der Geldautomat die Kreditkarte frisst — 22
4. Der Zwangsheirat entkommen – doch die Angst blieb — 24
5. Ein umfassendes Drama mit unbekanntem Ausgang — 26
6. Ausgerechnet am Wäldchestag — 30
7. Ein Seemann aus Nepal — 32
8. Interview mit Andreas Döpper, Deutsche Lufthansa AG — 34

Heimgekehrt — 36
1. Der Wüstenpilger — 38
2. … und dann lief alles ganz einfach — 40
3. Von Bali an den Bodensee — 42

Obdachlos — 44
1. Ganz unten — 46
2. Interview mit Hans-Dieter H. — 48
3. Wohnungslose Jobpendler — 50
4. Interview mit Michael Müller, Mitglied des Vorstands und Arbeitsdirektor der Fraport AG — 52

Wer hilft? — 54
1. Interview mit Karin Schmidt, ehrenamtliche Helferin am Schalter — 56
2. Interview mit zwei Hauptamtlichen: Melanie Aßmann und Isabelle Haas — 58

Aus dem Gästebuch — 62

Vorwort

„Da könnte man mal ein Buch schreiben!" – wie oft habe ich in den letzten fünf Jahren diesen Satz gehört!
Bevor ich vor gut fünf Jahren die Leitung des Kirchlichen Sozialdienstes für Passagiere übernommen habe, konnte ich mir selber kaum vorstellen, was es wohl zu tun gäbe am Flughafen, als Sozialpädagogin, als Beraterin, als Mitarbeiterin der evangelischen Kirche.
Heute, fünf Jahre später und viele Erfahrungen reicher, weiß ich es. Viele, oft unglaubliche Geschichten ereignen sich hier in den Büros:

Da ruft mich die Kollegin an und bittet mich, einen Fall zu übernehmen: Ein Minister aus Ägypten säße im Büro, sagt sie mit einem Lächeln in der Stimme. Sie selber kümmert sich gerade um einen Herrn, nur mit Hose und Hemd bekleidet, der auf die Frage, wo seine Schuhe wären, geantwortet hatte, die habe er nach Wien geschickt. Und sein Gepäck? Das habe er in der S-Bahn stehen lassen. Jetzt will er ein Ticket nach Amerika von uns. Ich gehe ins Beratungsbüro, übernehme den Fall, wende mich dem Herrn zu. Er wirkt höflich, legt mir seinen Pass vor, und da steht es, schwarz auf weiß: Er ist Minister in der neuen Übergangsregierung in Ägypten und möchte einen Kollegen abholen, um mit ihm auf die Buchmesse zu gehen.

„Da könnte man mal ein Buch schreiben!"

Oder: Ein junger Mann, der gestrandet ist und durch die unerwartete Situation plötzlich in eine psychische Krise gerät. Nach dem Telefonat mit seiner Schwester ist klar: Es ist das erste Mal, dass es ihrem Bruder so schlecht geht. Er liegt auf dem Boden im Büro und möchte eine Bibel, ist ansonsten nicht ansprechbar.

Oder: Ein Herr aus Japan ist gestrandet. Ich weiß nicht genau, woher er kommt, wohin er möchte. Er ist sehr freundlich,

spricht japanisch, nur japanisch. Er redet ohne Unterlass, bricht plötzlich ab, schweigt, dann redet er weiter lächelnd auf mich ein. Völlige Ratlosigkeit. Er summt und singt. Durch den Klang, den Rhythmus gebe ich ihm intuitiv ein Stofftier, einen roten Junikäfer. Er singt weiter, lässt dabei den Junikäfer durch die Luft fliegen. Er isst die Suppe, die wir ihm hinstellen. Dann redet und singt er weiter. Es ist Freitagnachmittag und ich habe keine Idee, was ich für und mit diesem Herrn machen kann. Schließlich erreichen wir das japanische Konsulat, der Konsul kommt und nimmt den Herrn mit. Ich weiß nicht, was aus ihm geworden ist.

Oder: Eine Dame sitzt bei uns im Büro. Für die kalte Jahreszeit mit Sandalen und Bluse etwas dürftig bekleidet. Sie sitzt da, ist verwirrt, aber doch beruhigt: Hier im Büro sei sie in Sicherheit. Hier gehe sie nicht mehr fort. Sie komme aus Österreich und wolle dahin zurück, aber nur mit dem Helikopter. Mein erster etwas hilfloser Versuch mit dem Hinweis, dass hier keine Hubschrauber fliegen, lässt sie unberührt: Ich müsse nur den österreichischen Innenminister anrufen, der würde einen schicken.

„Da könnte man mal ein Buch schreiben!"

Oder die kleine Familie aus Brasilien, die kurz vor Dienstschluss vor dem Büro steht. Durch lange Formalitäten haben sie ihren Anschlussflug nach Brasilien verpasst. Das Baby ist noch keine zwei Monate alt. Die Frau ist völlig aufgelöst. Wir können ihnen keinen Raum, kein Bett anbieten, aber wir zeigen ihnen den geschützten Raum, die Kapelle, die immer offen ist, geben ihnen Isomatten, Decken und die Aussicht, dass sie morgen bei uns im Büro Unterstützung bekommen, damit sie bald nach Hause kommen, nach Brasilien.
Es ist Adventszeit, sie liegen neben dem Adventskranz, die Mutter sitzt mit dem Baby da, wiegt es und hat Tränen in den Augen.
Ich lasse sie dort zurück. An diesem Tag gehe ich mit schwerem Herzen nach Hause, und als ich auf dem Sofa sitze, wandern meine Gedanken zu der Familie neben dem Adventskranz.

Die Geschichten sind manchmal unglaublich, aber was auch unglaublich ist: Hier in Frankfurt haben sowohl der Flughafenbetreiber, die Fraport AG, als auch die Evangelische Kirche, die Diakonie, die Notwendigkeit erkannt, dass für diese Menschen Hilfe direkt vor Ort notwendig ist.
Deshalb können wir hier sein, für die Menschen aus der ganzen Welt. Ich bin sehr dankbar, dass ich hier arbeiten kann. Und

ich freue mich sehr, dass die Journalistin Lieselotte Wendl bei einem Interview auf meinen Satz „Da könnte man mal ein Buch schreiben!" zustimmend reagierte: „Ja, das ist eine gute Idee, das machen wir."

So ist dieses Buch entstanden, ein kleine Sammlung von Geschichten, ein Ausdruck großer Dankbarkeit für die Möglichkeit, hier arbeiten zu dürfen.
Als Kirche vor Ort für die Menschen da sein zu können, Nächstenliebe konkret umsetzen zu können, das macht den ungewöhnlichen Arbeitsplatz am Flughafen für mich so sinnvoll. Diese Arbeit lebt von den Kooperationen, mit dem Flughafen, den Airlines. Dieses Buch wurde durch die Unterstützung von Fraport AG, Condor Flugdienst GmbH und Lufthansa AG möglich. Dafür meinen ganz besonderen Dank. So konnte aus dem jahrelangen Wunschdenken „Da könnte man mal ein Buch schreiben!" Wirklichkeit werden.

Bettina Janotta

Einleitung

Aus dem Urlaub gekommen, Flieger verspätet, Zug nach Hause verpasst. Das ist die harmlose Version. Ein so am Frankfurter Flughafen angekommener Passagier kann sich in der Regel selber helfen und muss schlimmstenfalls einige Stunden in den Wartebereichen des Airports verbringen, bis der nächste Zug ihn nach Hause bringt.

Was aber, wenn einer dort mit einem verspäteten Zug ankommt und einen Überseeflug verpasst? Was, wenn jemand nach langem Auslandsaufenthalt wieder nach Südamerika oder Asien in die Heimat will und feststellen muss, dass mit seinen Reisepapieren etwas nicht stimmt? Was, wenn das ganze Geld weg ist und die Airline kein Ersatzticket ausstellt? Was, wenn ein Visum benötigt wird, das nur in Berlin oder Bonn ausgestellt wird und mehrere Tage dauert? Was, wenn man sich nicht verständigen kann? Was, wenn der nächste Flug erst in zehn Tagen geht? „Gestrandete Passagiere" machen einen großen Teil der Klienten aus, die dann beim „Kirchlichen Sozialdienst für Passagiere" am Frankfurter Flughafen Hilfe und Rat suchen.

Manchmal hilft ein Anruf bei der Airline, bisweilen auch die Vermittlung eines Telefongesprächs in die Heimat, damit die Verwandten Geld schicken können. Manchmal wird das Konsulat eingeschaltet, wird Kontakt aufgenommen zu Ämtern, Behörden, zur Polizei, zur Klinik. Und dann gibt es auch die Fälle, in denen Kinder Windeln brauchen, Erwachsene einen warmen Pullover, eine Dusche oder etwas zu essen. Die Hilfen, die der Sozialdienst leistet, sind vielfältig und verlangen viel Erfahrung, Fingerspitzengefühl und eine gehörige Menge an Menschenkenntnis.

Der Kirchliche Sozialdienst für Passagiere, den das Diakonische Werk für Frankfurt am Main des Evangelischen Regionalverbandes mit zwei Beratungsbüros im Verwaltungsgebäude des Flughafens unterhält, ist in Angebot und Umfang einzigartig in

Deutschland. Lediglich in München gibt es ein ähnliches kirchliches Angebot. Nach Kenntnis von Leiterin Bettina Janotta sucht man weltweit vergeblich nach Vergleichbarem. Falls Sie auf Reisen auf solch ein Angebot treffen, freut sie sich über einen Hinweis.

In der Abflughalle B können sich Hilfesuchende zusätzlich am Schalter 700.1 melden und werden von dort, wenn sie weitere Hilfe brauchen, von ehrenamtlichen Helferinnen und Helfern in die Büroräume des Dienstes gebracht. Diese stellt Fraport, die Betreiberorganisation des Flughafens, zur Verfügung. Sie finanziert auch eine Stelle, die von einer Sozialarbeiterin besetzt ist. Denn zu tun gibt es genug an einem Flughafen, der als einer der größten der Welt gilt und in Deutschland das Drehkreuz für den Luftverkehr ist.

Hier kommen Menschen aus allen Teilen der Welt an und fliegen weiter, verbringen Zeit im Transitbereich oder finden in Frankfurt ihr Ziel: als Durchreisende, als Geschäftsleute, als künftige Arbeitnehmer in der Stadt, als Touristen und immer wieder auch als Heimkehrer. Der Flughafen, größter Arbeitgeber der Region für Tausende Menschen, lockt auch diejenigen an, die nur mit Mühe ihr Leben in der großen Stadt fristen: Wohnungslose, die hier ihr Auskommen finden, sich nahezu unbemerkt Schlafplätze schaffen und dann eben auch manches Mal zu Klienten des Kirchlichen Sozialdienstes für Passagiere werden, auch wenn sie garantiert keine Flugpassagiere sind.

Einige dieser Geschichten von Gestrandeten, Heimgekehrten und Obdachlosen versammelt dieses Buch. Es erzählt etwas über die Motivation der dort Beschäftigten und der Geldgeber, über die Dankbarkeit derer, denen geholfen wurde, und auch etwas über Menschen, die über ihren Schatten springen, die nicht immer nur Dienst nach Vorschrift machen und die einfach nur menschenzugewandt sind.

Gestrandet

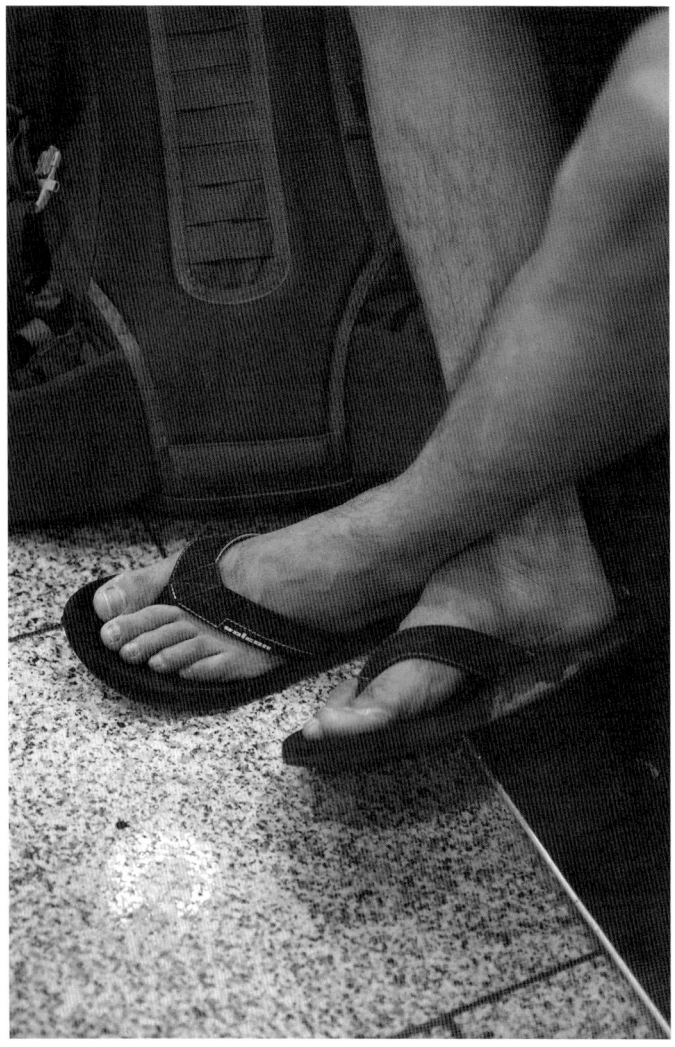

Oft kann der Sozialdienst für Passagiere Reisenden helfen, die verzweifelt sind, weil sie ihren Anschlussflug verpasst haben. Sie kennen sich nicht aus und haben keine Vorstellung davon, wie sie weiter kommen können. Manchmal fehlt ihnen auch das nötige Geld, um eine Umbuchung vorzunehmen. Wenn dann Menschen da sind, die erst einmal genau nachfragen, einen ruhigen Ort bieten, fürsorglich Essen und Trinken anbieten, sieht die Welt meist schon ganz anders aus. Wer verwirrt war, fängt an, seine Gedanken wieder zu sortieren und entdeckt Möglichkeiten, zu handeln. So rufen sie etwa ihre Verwandten oder Freunde an, lassen sich Geld oder eine Fahrkarte anweisen. Dann verfliegt die Panik, Hoffnung kommt auf und Dankbarkeit.

Von der großen Dankbarkeit vieler, denen die Helferinnen und Helfer des Sozialdienstes zur Seite gestanden haben, zeugt nicht nur das gut gefüllte Gästebuch. Auch viele Fotos von strahlenden Menschen vermitteln etwas von der Erleichterung, die manchmal auch nur das Zuhören schon bringt.

Drei Nächte im Transit
bedeuteten die Rettung

Brasilianerin flüchtet vor ihrem gewalttätigen Ehemann

In Steven Spielbergs Film heißt er Viktor Navorski – der Mann, der wochen- und monatelang am New Yorker Flughafen JFK ausharrt. In seinem osteuropäischen Heimatland Krakosien herrscht Bürgerkrieg und das Land wird von den USA diplomatisch nicht mehr anerkannt. Sein Pass wird ungültig, notgedrungen muss er sein Leben am Terminal verbringen. Ein Märchen? Sicher, wie das im Film nun mal oft so ist. Nicht nur, weil diese Story auf einer wahren Geschichte beruht, weiß man aber, dass dies öfter vorkommt.

Eine Nacht im Transit – das kann man schon mal aushalten. Aber wer möchte schon freiwillig längere Zeit dort bleiben müssen? Und doch gibt es Situationen, da bedeutet der Transit sogar Rettung, Geborgenheit oder wie auch immer man es nennen möchte.

Die junge Brasilianerin zum Beispiel, die eines Tages im Büro des Sozialdienstes stand und sagte: „Helfen Sie mir." In drei Tagen ging ihr Flug nach Brasilien. Noch war sie keine Passagierin und hatte ein Problem, das so gar nichts mit der bevorstehenden Reise und dem Fliegen zu tun hatte. Sie suchte einfach nur Schutz, bis sie endlich in den Flieger steigen konnte. Denn ihr Ehemann, so fürchtete sie, könnte sie ausfindig machen und mit Gewalt wieder zurückholen. Der Ehemann, bei dem sie in Deutschland das Glück gesucht und Gewalt, Ausbeutung und Brutalität gefunden hatte.

Zum Heiraten war sie seinerzeit nach Deutschland gekommen. Doch der vermeintlich verliebte Bräutigam entpuppte sich gleich nach der Heirat als skrupelloser Zuhälter. Er „verkaufte" die junge Frau an seine Freunde, die ihn dafür bezahlten, dass sie mit seiner Frau Sex haben duften. Wenn sie sich wehrte, gab es Schläge.

Aber sie fügte sich trotz allem nicht in die Situation. Heimlich legte sie immer wieder etwas Geld zur Seite, bis es endlich für ein Flugticket nach Brasilien reichte. Zurück in die Heimat, nur weg von dem gewalttätigen Zuhälter-Ehemann – das war ihr Ziel. Doch wohin in den drei Tagen, bis das Flugzeug ging? Zwar hätte sie zu einer Verwandten fliehen können, die in einer hessischen Stadt lebte. Aber ihre Angst war zu groß, dass ihr Ehemann sie genau dort suchen und finden würde.

Wo sollte sie Schutz finden? Der Flughafen war zu riskant, denn genau dort würde ihr Mann sie suchen. Spätestens am Schalter des nach Brasilien startenden Fluges könnte er sie ausfindig machen. Zuflucht in einem Frankfurter Frauenhaus? Dafür hätte sie einen deutschen Pass gebraucht – und den hatte sie nicht. Hotel – ebenfalls zu unsicher und zu teuer. Und dann die rettende Idee: Im Transit ist sie vor jeglichem Zugriff von außen sicher – aber eigentlich ist das nicht üblich.

Also blieb nur der Weg zur Bundespolizei, verbunden mit der Hoffnung, dass die Beamten in dieser außergewöhnlichen Situation ein Einsehen haben würden. Ein älterer Beamter hatte dort Dienst, der der verängstigten jungen Frau mit sehr viel Freundlichkeit und Ruhe begegnete, Verständnis für ihre Situation zeigte und damit auch ihr Vertrauen gewann. Bevor er sie in den Transit brachte, nahm er noch die Anschuldigungen auf, die sie gegen ihren Ehemann vorzubringen hatte und versprach, diesen auch nachzugehen. Dann warteten nur noch drei Tage Langeweile im Transit und unbequeme Nächte auf Wartesitzen auf sie. Aber was bedeutet das schon gegen das Gefühl der Sicherheit und die Vorfreude, bald wieder zu Hause zu sein?

Auf rosaroten Flipflops in ein neues Leben

Manchmal hilft schon ein Paar Schuhe weiter

Manchmal sind es ganz kleine Dinge, mit denen die Mitarbeiterinnen des Sozialdienstes für Passagiere Menschen weiterhelfen können. Eine Dusche, etwas zu essen, Hilfe beim Umbuchen.

Die Dame, die da eines Tages von der Bundespolizei an den Schalter des Sozialdienstes in der Abflughalle gebracht wurde, schien kein allzu schwieriger Fall zu sein. Sie meldete, dass sie bestohlen worden sei. Und in der Tat war sie völlig mittellos – ohne Gepäck und ohne einen Pfennig Geld.

Schick sah sie aus, recht auffällig geschminkt, im eleganten Kostüm, aber bei näherem Hinsehen doch etwas derangiert. Und deutlich wahrnehmbar war sie offenbar schon lange unterwegs, ohne die Möglichkeit zum Duschen. Aber allein, wie sie sich auf ihren Highheels bewegte, nötigte den Beraterinnen Bewunderung ab.

Doch im Gespräch wurde klar: Diese Frau war keineswegs so cool wie es den Anschein hatte. Und: Diese Frau war gar keine Frau, sondern hieß eigentlich Klaus und war als Transvestit geboren. Ein halbes Jahr hatte Klaus schon in Brüssel auf der Straße gelebt. Nun wollte er nur noch weg aus Belgien. Gründe dafür gab es einige. Er hatte sichtlich Angst. Sein Vater habe seine Mutter umgebracht und er, der Sohn, habe ihn angezeigt. Jeglichen Kontakt zu seiner Familie hatte er abgebrochen, nun fühlte er sich verfolgt und hoffte, in Deutschland ein neues Leben anfangen zu können. Und es sollte anders sein, als sein bisher in Belgien geführtes Leben. Er wollte nicht mehr in Clubs herumhängen, zwischen Prostitution und Alkohol. „Ich möchte in Deutschland eine Arbeit finden und in Ruhe leben", so sein Wunsch. Und der Ort dieses neuen Lebens sollte Frankfurt sein.

Auf welchen Wegen er Frankfurt erreicht hatte, war nicht herauszufinden. Kontakte zum belgischen Konsulat kamen nicht zustande, einen Pass besaß er nicht: gestohlen. Und sein Geld reichte nicht einmal, um die Fahrkarte in die Stadt zu kaufen. Eine Arbeit konnte ihm der Sozialdienst nicht besorgen, auch nicht die Garantie, dass das Leben hier besser und leichter sein könnte für jemanden, der ein bisschen anders ist. Doch die Mitarbeiterinnen hörten ihm zu, konnten ihm immerhin einen Tagessatz von zehn Euro auszahlen und ihm eine Dusche spendieren. Schließlich erklärten sie ihm noch, wie in Deutschland das Jobcenter funktioniert und wo das Sozialamt ist: „Mehr können wir nicht für Sie tun".

Als Klaus sich seufzend auf einem Stuhl niederließ und seine todschicken Schuhe erleichtert auszog, da war für die Helferinnen klar: Hier konnten sie doch noch etwas tun. Völlig aufgerieben und blutig gescheuert waren die Füße, geschunden von Schuhen, die nicht dazu gemacht waren, die unendlich langen Gänge und Flure am Flughafen entlangzulaufen und dann womöglich noch auf den Frankfurter Straßen Pflaster zu treten. „Hätten Sie wohl ein paar Schuhe für mich?" – doch ganz so einfach war das nicht, obwohl beim Sozialdienst Menschen aus einer Kleiderkammer mit dem Nötigsten versorgt werden können. Woher Schuhe nehmen, die eine Dame zum Kostüm tragen konnte, ohne allzu sehr aufzufallen? Denn Damenschuhe in Größe 45 sind eher selten und im Kleiderfundus des Sozialdienstes nicht die Regel.

Als einzige „damenhafte" Schuhe fanden sich schließlich ein paar Flipflops – rosarot, aber in Größe 45. Und so war Klaus geholfen, dessen Füße mit Heftpflaster versorgt sich endlich auf weichen Plastiksohlen ausruhen durften. Und zufrieden schlurfte er auf rosaroten Flipflops in ein hoffentlich glücklicheres Leben in Frankfurt davon.

Wenn der Geldautomat die Kreditkarte frisst

Geschäftsmann aus Uganda plötzlich mittellos

„Soll ich Ihnen auch einen Zylinderkopf mitbringen?" – Das Angebot war gut gemeint und ein Ausdruck der Dankbarkeit. Der Geschäftsmann aus Uganda, der in Frankfurt gestrandet war, war zuversichtlich, dass er seine Weiterreise nach Stuttgart antreten könnte. Dort sollte er bei einem großen Automobilunternehmen einen Zylinderkopf für seine afrikanische Firma ordern und den Transport zur Filiale nach Griechenland organisieren.

Eigentlich war alles bestens vorbereitet: Mit einem regulären Ticket war er aus Uganda gekommen und wollte über Stuttgart weiter nach Athen. Sein Hotel in Sachsenhausen war gebucht. Und dann geschah das, was keiner im Ausland erleben will: Der Automat, an dem er Bargeld abheben wollte, behielt seine Karte ein. Keine Karte, kein Geld. Ohne Geld keine Weiterreise. Denn wie sollte er in Stuttgart und später in Athen ohne Bargeld oder Kreditkarte weiterkommen? Mit dieser Geschichte stand er im Büro des Sozialdienstes und suchte um Hilfe nach.

Wenn's brennt, ruft man die Hotline an. Die Auskunft, die die Sozialdienstmitarbeiterinnen bekamen, ließ den Geschäftsmann hoffen. Alle 48 Stunden würden die Bankautomaten geöffnet und dann auch die eingezogenen Karten entnommen, hieß es. Der Ugander richtete sich schon darauf ein, im ungünstigsten Fall zwei Tage neben dem Bankautomaten auszuharren, um dann endlich seine Kreditkarte wieder in Empfang zu nehmen. Doch das, so die Auskunft der Hotline, könne er sich sparen. Kurz gesagt: „Die Karte fliegt nach Uganda." Grundsätzlich würden die Karten an die jeweilige Heimatbank geschickt und sonst nirgendwo hin.

Die Fragen, warum fliegt ein Geschäftsmann mit nur einer Karte ins Ausland oder warum hat er kein Bargeld dabei, waren müßig. „Fast drei Stunden haben wir um seine Kreditkarte gekämpft", erinnert sich Bettina Janotta – vergeblich. Auch das

Automobilunternehmen in Stuttgart sah keinen Anlass, einem Kleinkunden – was ist schon ein Zylinderkopf für einen Weltkonzern? – mit Bargeld auszuhelfen. Der Hinweis, sich von Freunden Geld per Internet schicken zu lassen oder über Western Union brachte ihn nur zum Lachen: „Wir reden hier von Afrika". Immerhin waren die Hotelbetreiber in Sachsenhausen sehr kulant, und ließen ihn übernachten auf die bloße Vorbuchung hin. „Wir kriegen das Geld auch ohne Kreditkarte", hieß es. Und so konnte der Sozialdienst dann nichts weiter tun als die Karte für die S-Bahn in die Stadt und zurück zu zahlen. Ob er am nächsten Tag tatsächlich nach Stuttgart fuhr oder flog – keiner weiß es. Aber das sind die Mitarbeiterinnen beim Sozialdienst gewöhnt.

Der Zwangsheirat entkommen – doch die Angst blieb

Nicht immer hilft der deutsche Pass

So viel Angst, solche Panik. Auf keinen Fall wollte die junge Frau ihrer Familie begegnen. Vor der war sie geflohen, um nicht mit einem Mann verheiratet zu werden, den sie nicht liebte. Stattdessen war sie auf eigene Faust aus Freiburg nach Pakistan geflogen und hatte dort mit dem Mann, den sie liebte, die Ehe geschlossen. Nun wird alles gut, dachte sie – doch so war es nicht. Zurück in Deutschland, musste sie erfahren, dass diese Ehe hier nicht wirksam war, sondern dass sie eine Bestätigung vom Standesamt ihrer deutschen Heimatgemeinde Freiburg brauchte.

Dort aber bestand auf Schritt und Tritt die Gefahr, dass sie jemandem von ihrer Familie begegnete. Zuflucht im dortigen Frauenhaus kam nicht in Frage. Schon einmal hatten sie sie dort gefunden. Also erst einmal eine Unterkunft in einem Frankfurter Frauenhaus oder in der Umgebung, dachten sich die Helferinnen vom Sozialdienst für Passagiere, als die zitternde junge Frau vor ihnen saß. Nach etlichen Telefonaten war klar: Das geht nur mit einem deutschen Pass. Den hatte sie, aber ihr Vater hatte sie inzwischen in Freiburg abgemeldet, somit hatte sie keinen festen Wohnsitz. „Da haben wir gelernt, wenn eine Frau in Not ist, sollte sie immer darauf achten, dass sie einen deutschen Pass und einen festen Wohnsitz hat", so das bittere Fazit von Bettina Janotta.

Wie also weiter? Inzwischen konnte ein guter Freund in Freiburg ausfindig gemacht werden, der bereit war, sie in Freiburg am Zug abzuholen und zu begleiten: Erst zur Meldestelle, um sich wieder in Freiburg anzumelden, dann zum Standesamt, um ihre Ehe anerkennen zu lassen.

Ganz nebenbei hat die ganze Panik und Angst der jungen Frau auch Gutes für viele andere Menschen bewirkt. Denn just an diesem Tag war Michael Müller im Sozialdienst zu Besuch. Der

Arbeitsdirektor und Vorstandsmitglied bei Fraport wollte sich über die Arbeit dort informieren, denn die Entscheidung über eine weitere Fraport-Unterstützung für den Sozialdienst stand an.

Trotz aller Verzweiflung und Angst erklärte sich die junge Frau bereit, diesem für sie fremden Mann einfach ihre Geschichte zu erzählen. Er hörte sich ihren Bericht an, ließ sich von Bettina Janotta darstellen, in welcher Weise der Sozialdienst hier helfen könnte – und war tief beeindruckt. Er hatte einen Fall sozusagen „live" miterlebt. Und so fiel es ihm auch leicht, seine Vorstandskollegen davon zu überzeugen, dass die Arbeit des Sozialdienstes auch weiterhin unterstützt werden sollte.

Für die junge Frau ging am Ende alles gut aus, die Familie bekam keinen Zugriff auf sie, und sie konnte zu ihrem frisch angetrauten Ehemann zurückkehren.

Ein umfassendes Drama mit unbekanntem Ausgang

Mehrtägige Betreuung einer Großfamilie

Nicht jeder „Fall" kann erfolgreich abgeschlossen werden. Dann müssen die Mitarbeitenden des Sozialdienstes damit leben, dass auch schon mal eine ganze Familie „verschwindet", die tagelang von den Helfern betreut wurde. „Wir können nur helfen, wenn die Menschen sich freiwillig auf unsere Hilfe einlassen", sagt Bettina Janotta.

Die Großfamilie mit mehreren Kindern, deren Familienoberhaupt eines Tages um Unterstützung nachsuchte, war so ein Fall. Nahezu alle Schwierigkeiten, die bei einer Flugreise eintreten können, hatten diese Menschen getroffen. Aus London kommend hatten sie sich schon ein paar Tage in Frankfurt aufgehalten. Vor dem Hotel passierte es dann: Wer unvorsichtig war, ließ sich nicht mehr feststellen. Jedenfalls wurde die Mutter der Familie von einem Shuttlebus angefahren. Auf Wunsch des Hotels wurde kein Krankenhaus eingeschaltet, und die Familie mit vier Kindern machte sich auf zum Flughafen. Der Frau ging es schlecht, sie konnte mit ihrem verletzten Bein nicht laufen, eines der Kinder war körperlich behindert, ein weiteres hatte Fieber. Als wäre dies nicht genug, kamen noch Schwierigkeiten mit den Papieren dazu: Der Pass eines der Kinder war abgelaufen, der Familienvater – gebürtiger Jamaikaner – hatte ein sogenanntes Schengen-Visum, das ihm lediglich noch einen Aufenthalt von drei Tagen in Deutschland erlaubte.

Bei alledem war nicht einmal klar, woher und wohin die Familie überhaupt unterwegs war. Immer deutlicher wurde jedoch im Verlauf der Stunden, dass die Mutter der Familie dringend ärztliche Hilfe brauchte. Doch ihr Ehemann ließ keine Annäherung zu; dem Angebot, sie in ein Krankenhaus zu bringen, misstraute er ebenso wie dem Vorschlag, wenigstens einen Arzt der Flughafenklinik hinzuzuziehen. Sein Verhalten schwankte zwischen Fordern und Zurückziehen.

Seine Frau wurde unterdessen immer schwächer. „Es war ein Drama auf allen Ebenen", erinnert sich Bettina Janotta. Die Möglichkeiten für die richtige Hilfe in diesem Chaos herauszufinden war schon schwierig genug. Die ständig neuen Geschichten, die der Familienvater erzählte, halfen dabei nicht weiter. Seine Forderungen, erst einmal ein Hotel für alle und dann einen Weiterflug für die Familie zu organisieren, waren nicht zu erfüllen. Ohne ausreichende Papiere ist nun einmal ein Flug nicht möglich, die Kosten für ein Hotel sind im Budget des Sozialdienstes nicht vorgesehen.

Auch der Versuch, die Probleme nach und nach abzuarbeiten, scheiterten an der Blockade des Mannes. Um etwa den Pass des einen Kindes zu verlängern, wäre eine Reise zum britischen Konsulat in Düsseldorf unumgänglich gewesen. Das aber verweigerte er. Sein Schengen-Visum lief ab, die Frau wurde immer schwächer, die Kinder weinten und alle angebotenen Hilfen lehnte er ab. Stattdessen kam er mit neuen Ideen, die eine Mischung aus Halbwissen und falschen Informationen offenbarten: Eine „familiy permission" sei die Lösung, meinte er. Dann stellte er in Aussicht, dass am bevorstehenden Wochenende, an dem aber sein Schengen-Visum längst abgelaufen sein würde, eine Geldüberweisung von Verwandten zu erwarten sei.

Die Verlängerung seines Visums, das die Sozialdienst-Helferinnen zu organisieren versuchten, scheiterte daran, dass er zu einem vereinbarten Termin nicht erschien. „Wir hatten die Familie erst einmal für die Nacht alleine gelassen" – nach Erfahrung von Bettina Janotta kann das in einer aufgeheizten Situation Druck herausnehmen. Aber am nächsten Tag war der Mann nicht aufzufinden. Dafür erschien er am übernächsten Tag und fordert nun einen Flug nach London über Brüssel. Das aber war nicht möglich. Denn inzwischen hatten die Mitarbeiterinnen immerhin erreichen können, dass ihm eine Grenzübertrittsbescheinigung ausgestellt wurde. Diese aber gilt nur für den direkten Weg ohne Zwischenstopps.

Der Moment war gekommen, da der Mann völlig außer sich geriet. Seine überzogenen Erwartungen, die Angst um die Familie auf der einen und die Verweigerung jeglicher medizinischer Hilfen auf der anderen Seite, gepaart mit der Hoffnung, dass einfach alles gut werden würde, ergaben eine explosive

Mischung. Doch zu einer Lösung führte auch das nicht. Wie es weiterging? Am nächsten Tag war die Familie verschwunden; am ganzen Flughafen nicht mehr auffindbar.
Die Bilanz: sechs Tage Betreuung von abwechselnd und manchmal gleichzeitig drei Helferinnen, unzählige Telefongespräche, Terminabsprachen und Versuche, Hilfen wenigstens für Frau und Kinder möglich zu machen – und dann: weg für immer.

Ausgerechnet am Wäldchestag

Hin und her zwischen Deutschland und Vietnam

Wäldchestag – das ist für manchen Frankfurter Ausnahmezustand. Am Dienstag nach Pfingsten verschwinden die Frankfurter traditionell im Frankfurter Stadtwald, um dort im „Wäldchen" zu feiern und es sich gut gehen zu lassen.

Dem Vietnamesen, der da am Wäldchestag am Frankfurter Flughafen landete, ging es allerdings gar nicht gut. Er saß im Rollstuhl und wurde von zwei Kindern begleitet: ein dreijähriges und seine 14-jährige Tochter, die gleichzeitig seine Pflegerin war. Lange hatte er in Deutschland gearbeitet und konnte von daher auch gut Deutsch. Dann war er mit seiner Familie nach Vietnam zurückgegangen. Doch das Leben dort hatte nicht seinen Erwartungen entsprochen, beruflich ging es bergab, dazu kam seine Behinderung, die ihn abhängig von der Hilfe anderer Menschen machte.

Und da war die Erinnerung an Deutschland, wo es ihm gut gegangen war, wo er Arbeit und sein Auskommen hatte, und wo es eine gute Krankenversorgung gab. Wenn er erst einmal eine Wohnung in Deutschland gefunden hätte, dann sollte seine Frau mit den weiteren Kindern nachkommen – so der Plan. Und dass er schon bald eine Wohnung haben würde, daran zweifelte er nicht, hatte er doch einen deutschen Pass.

Doch so einfach, wie er sich das vorgestellt hatte, ging das alles nicht. Der Sozialdienst ist nun einmal kein Wohnungsamt und kann zunächst nur Nothilfe leisten. Und die bestand in der Erstversorgung: Essen und Trinken, ein wenig zur Ruhe kommen und vor allem dem kleinen Kind einen geschützten Raum bieten. Die Dreijährige war nach dem langen Flug schon völlig apathisch.

Dann ging es darum, den Mann unterzubringen – und das am Wäldchestag, einem Tag, an dem nicht alle Einrichtungen besetzt sind, sondern viele ihren Mitarbeitenden traditionell freigeben. Auch nicht jede Notunterkunft kam in Frage, weil der Mann aufgrund seiner Behinderung Hilfe brauchte und nicht alle Unterkünfte für einen Rollstuhlfahrer zugänglich sind. Und die beiden Kinder dort mit unterzubringen, ging schon gar nicht. Über eine Notrufnummer wurde schließlich das Jugendamt informiert, das sich der Kinder annahm. Und so wurde die Familie zumindest für die nächste Nacht erst einmal getrennt, um überhaupt die Übernachtung möglich zu machen.

Als Vater und Kinder am nächsten Tag wieder zusammenkamen, wollte keiner von den dreien mehr in Deutschland bleiben. Zurück nach Vietnam – so lautete der Wunsch der kleinen Teilfamilie. Wenn das so einfach gewesen wäre. Es war nicht weniger schwierig, als in Deutschland Fuß zu fassen. Denn nun war der deutsche Pass, auf den der Mann so stolz war, eher ein Hindernis. Als Deutscher nämlich musste er nun ein Visum für Vietnam beantragen. Und das dauert nach Auskunft der vietnamesischen Botschaft mehrere Monate.

Und so nahm sich schließlich das Sozialamt der Stadt Frankfurt der verzweifelten Menschen an. Was aus dieser von unrealistischen Träumen verklärten Rückkehr nach Deutschland schließlich geworden ist? „Wir wissen es nicht", sagt Bettina Janotta. Denn am nächsten Tag standen schon wieder die nächsten Gestrandeten und Zurückgekehrten, die Hilflosen und Verzweifelten im Büro, um die sie sich kümmern musste.

„Manchmal wüsste man schon gerne, ob alles gut ausgegangen ist. Aber wir müssen damit leben, dass wir nur Nothilfe leisten und Anstöße geben können. Alles Weitere liegt nicht mehr in unserer Hand."

Ein Seemann aus Nepal

Wie ein Lehrer aus dem Himalaja etwas über Zeitverschiebung lernte

Nein, der junge Mann kam nicht aus Neapel, auch wenn die Berufsbezeichnung „Seemann" das nahelegte. Seine Herkunft: Nepal, der Himalajastaat, wo die höchsten Berge der Welt aufragen, wo aber weit und breit kein Meer zu sehen ist. Und doch war er ein Seemann. Der Mann, der da schon einen ganzen Tag und eine Nacht reglos im Wartebereich des Flughafens saß, wollte nichts anderes, als auf „sein Schiff". Das Schiff, das ihm in den nächsten sechs Monaten Heimat und vor allem bezahlter Arbeitsplatz sein sollte. Und nun hatte er den Anschlussflug nach Kiel verpasst, wo er seine Arbeit antreten sollte. Für den Mann, der in seiner Heimatstadt Kathmandu eigentlich Englischlehrer war, eine Katastrophe.

Irgendwann fiel er jemandem auf, wurde gefragt, ob er Hilfe brauche. Und so saß er nun Bettina Janotta gegenüber, kramte in seinen Taschen und legte ihr schließlich einen ganzen Haufen ungeordneter Papier hin. „Der arme Man war völlig aufgelöst und vertraute mir alle seine Unterlagen an", erinnert sie sich. Und so erfuhr sie, dass er einen Arbeitsvertrag hatte, der ihm garantierte, einige Monate als Koch auf einem Kreuzfahrtschiff anzuheuern – mit einem wahrscheinlich besseren Einkommen als dem Lehrergehalt in seiner Heimat. Doch ein Kreuzfahrtschiff wartet nicht auf einen Koch. Ein Bahnticket nach Kiel – die einfachste Hilfe, die der Sozialdienst hier leisten konnte – hätte ihm nichts genutzt. Was sollte er in Kiel, wenn sein Schiff schon längst durch die Nordsee Richtung Norwegen schipperte?

„Damals habe ich selbst viel Neues gelernt" – Bettina Janotta nahm telefonischen Kontakt mit der Reederei auf und erfuhr, dass diese in der Regel für An- und Abreise ihrer Arbeitskräfte sorgt. Doch Reedereien – das bringt das Geschäft so mit sich – sind international tätig. Und nicht immer sitzen die entscheidenden Personen dort, wo man sie vermutet. In diesem Fall hatte die Frau, die über die weitere Reiseroute und die entsprechenden Kosten zu entscheiden hatte, ihr Büro in Miami.

Kein Problem, denkt man. Die modernen Kommunikationsmittel machen vieles möglich. Doch auch mit E-Mail und Telefon wird die Zeitverschiebung nicht außer Kraft gesetzt. Und so dauerte es einige Stunden, bis geklärt werden konnte: Der Seemann aus Nepal sollte nach Amsterdam fliegen. Dort würde ihn ein Schiff einer anderen Reederei aufnehmen und in einem norwegischen Hafen an Land lassen, bei dem auch „sein" Schiff Station machen sollte. Dann könnte er endlich seinen Dienst als Koch – wenn auch einige Tage verspätet – antreten. Die Reederei buchte das Flugticket nach Amsterdam, und eigentlich war so weit alles klar.

Doch Bettina Janotta traute dem Frieden nicht. „Ich habe ihn bis zum Gate begleitet, damit er auch ins richtige Flugzeug kommt", das allerdings erst in zwei Stunden gehen sollte. Noch einmal erklärte sie ihm eindringlich, dass er in zwei Stunden in den Flieger steigen sollte. Um dem Nachdruck zu verliehen, wollte sie ihm die Uhrzeit auf seiner Armbanduhr zeigen. Und da ging ihr ein Licht auf. Die Armbanduhr zeigte noch nepalesische Zeit: fünf Stunden später als in Europa. Nun war klar, warum er den Flug verpasst hatte. Bei seiner Ankunft hatte seine Uhr ihm angezeigt, dass sein Anschlussflug erst viele Stunden später, also seiner Meinung nach erst am nächsten Tag zu erwarten war. Nur so war auch zu erklären, dass er zunächst völlig ruhig und gelassen gewartet hatte.

Nach vielen Anrufen, neuen Erkenntnissen über die Gepflogenheiten zwischen Reedereien und ihren Seeleuten sowie einer nun richtig gestellten Armbanduhr war es dann so weit: Der Seemann aus dem Land mit den höchsten Bergen der Welt konnte schließlich mit Hilfe des Sozialdienstes auf dem Luftweg seinem Arbeitsplatz auf dem Wasser näher kommen.

Interview mit Andreas Döpper

Leiter Station und Infrastruktur Frankfurt, Deutsche Lufthansa AG

Was können Passagiere tun, wenn sie ihren Flug nicht antreten können oder verpassen? Was ist von Seiten der Airline möglich?

Auch an einem gut organisierten Großflughafen passieren immer mal unvorhergesehene Dinge, die Passagiere vor echte Herausforderungen stellen können. Neulich reiste beispielsweise eine Familie aus Somalia dem Vater nach Schweden nach. Beim Umsteigen in Frankfurt führte der Ausfall der Skyline zusammen mit einem Gate-Wechsel dazu, dass die Familie die Orientierung verlor und ihren Anschlussflug verpasst hat. In diesem Fall haben wir die insgesamt zehnköpfige Familie kostenfrei umgebucht.

Wir versuchen immer, für unsere Gäste eine gute Lösung zu finden. Kann ein Flug beispielsweise aufgrund der Nachtflugregelung nicht mehr starten, ist es selbstverständlich unsere Aufgabe, für unsere Gäste für eine entsprechende Unterkunft zu sorgen.

Gemeinsam mit Fraport arbeiten wir intensiv daran, das Reisen für hilfsbedürftige oder in ihrer Mobilität eingeschränkte Passagiere, Eltern mit Kleinkindern oder unbegleitet reisende Kinder so weit wie möglich zu erleichtern. An unseren Sonderschaltern 337 und 338 können sie bequem einchecken und werden bis zum Abflug von uns betreut.

Wie arbeiten Sie mit dem Sozialdienst zusammen?

Unser Flughafen ist wie eine eigene Stadt und braucht in seiner Gemeinde gerade auch für Passagiere, die auf ihrer Reise unverschuldet in Not geraten sind, oder Menschen, die eher am Rand der Gesellschaft stehen, persönlich Betreuung. Hier leistet der kirchliche Sozialdienst mit dem selbstlosen Einsatz seiner Mitarbeiter in unserer Flughafenstadt unverzichtbare Dienste.

Heimgekehrt

Wenn deutsche Staatsbürger nach einem längeren Aufenthalt im Ausland in ihre Heimat zurückkehren, kann auch das ein Fall für den Sozialdienst für Passagiere sein. Zwar geht es dann in der Regel nicht darum, den Weiterflug zu organisieren oder einen Flug umzubuchen. Doch häufig haben die Heimkehrer schlimme Erfahrungen gemacht und brauchen erst einmal jemanden, der sie in Empfang nimmt. Nicht alle haben Verwandte hier, die sich freuen, sie wiederzusehen. Und nicht selten kehren sie in die Obdachlosigkeit zurück, der sie glaubten, mit einem Auslandsaufenthalt den Rücken zu kehren.

Immer wieder müssen die Mitarbeitenden des Sozialdienstes auch mit Feingefühl und professionellem Blick psychische Erkrankungen oder Störungen bei den Heimkehrern erkennen, die Vermittlung an entsprechende Stellen managen und Kostenfragen klären. Zunächst aber sind sie die ersten, die sich um einen solchen kranken Menschen hier kümmern. Das ist nicht immer einfach, auch wenn die Deutsche Botschaft den Sozialdienst meist informiert und die Mitarbeitenden von daher darauf vorbereitet sind.

„Religiöse Wahnvorstellungen kommen häufig vor", sagt Bettina Janotta. Oft spielen auch Schuldgefühle eine Rolle, wenn Menschen in eine psychische Ausnahmesituation gerieten und nach Hause zurückkehren. Wie gut, wenn dann die Person, die den Menschen zuhört, „religiös alphabetisiert" ist. „Ich erinnere mich an eine alte Dame, die voller Angst war, sich schuldig fühlte und Gottes Strafe für etwas erwartete, was sie irgendwann einmal getan hatte. Ich habe ihr meine eigene Vorstellung von einem gütigen Gott vermittelt, der auch schlimme Taten vergibt. Sie konnte sich dann tatsächlich auf dieses Gottesbild einlassen und ohne Angst ihre Weiterreise antreten".

Was können die Helferinnen noch tun außer zuhören und beruhigen? Der erste Schritt ist meistens, Kontakt mit den Angehörigen aufzunehmen. Da warten durchaus auch Enttäuschungen, wenn etwa die Schwester sagt: „Wir haben uns 15 Jahre nicht gesehen, wieso sollte ich meinen Bruder jetzt sehen wollen?" Die Hoffnung, in der eigenen Familie aufgenommen zu werden, ist dann schnell zunichte gemacht. Manchmal muss schnell gehandelt werden, etwa wenn eine Person deutlich erkennbar in einer Krise ist. Erste Anlaufstelle ist dann oft die Flughafenklinik. Oder es werden schon im Vorfeld Hilfeeinrichtungen zum Beispiel für Drogenabhängige eingeschaltet. Das gilt auch für den deutschen Staatsbürger, von dem die Botschaft meldet, dass er ausreisen muss, um einer Inhaftierung oder einer Einweisung in die Psychiatrie im fremden Land zu entgehen.

Der Wüstenpilger ohne Schuhe und Hemd

Von der Gottsuche in Marokko zurück nach Deutschland

Eigentlich sollte alles besser werden. Deshalb war er ja in die Wüste gegangen – um Gott näher zu sein und mit ihm zu verhandeln. Aber bei seinen Verhandlungen mit Gott hatte er den Kürzeren gezogen. Nichts wurde besser, noch nicht einmal eine Dusche bekam er. Darum war er auch so ungepflegt und hatte nur schmutzige unzureichende Kleidung.

Das war kurz gefasst die Geschichte, die der Mann erzählte, der eines Tages in Frankfurt auftauchte, nachdem ihn die deutsche Botschaft in Marokko angekündigt hatte. In Marokko war er ohne Schuhe und Hemd aufgegriffen worden, kam dort in die Psychiatrie. Dass sich die deutsche Botschaft um ihn kümmerte und ihm ein Rückflugticket nach Deutschland besorgte, rettete ihn vor dem Gefängnis, in das er von der Psychiatrie aus überführt werden sollte.

Und da stand er nun tatsächlich ohne Hemd und ohne Schuhe mit dem dringenden Wunsch, jetzt in Berlin statt mit Gott lieber mit den Politikern dort zu verhandeln. Das sollte – da war er ganz klar – unbedingt noch vor der Bundestagswahl geschehen, die in zwei Tagen anstand. Seine elende Gestalt, seine Verwirrung und sein religiöser Wahn ließen die Mitarbeitenden des Sozialdienstes erst einmal nach Verwandten suchen, die sich vielleicht um ihn kümmern könnten. Und tatsächlich machten sie eine Schwester ausfindig. Neun Jahre hatte sie keinen Kontakt zu ihm, und auch jetzt wollte sie ihn nicht sehen, keinesfalls ihn bei sich aufnehmen.

Dass Gott ihm nicht geholfen hatte, trieb den Mann um. Warum gehe ich in die Wüste und bete zu ihm, wenn er mir nicht antwortet?, fragte er. „Ich habe lange mit ihm gesprochen, über den Glauben und das Beten, dann wurde er ruhiger", erinnert sich Bettina Janotta. „Das war ein Moment, der mir wieder zeigte, dass wir als kirchlicher Träger hier am richtigen Platz sind."

Schon vor seiner Reise nach Marokko, wo er in der Wüste Gott suchte, war der Mann in Berlin obdachlos gewesen. Angesichts seiner Hilflosigkeit und seiner Mittellosigkeit schaltete der Sozialdienst das Frankfurter Sozialamt ein. Sein Wunsch aber war eindeutig: „Ich will nach Berlin". Und so bekam er – immer in Absprache mit dem Sozialamt – erst einmal eine Dusche, frische und ausreichende Kleidung und etwas zu essen. Als letztes nahm er eine Fahrkarte nach Berlin entgegen, über die er sich freute, auch wenn es nicht das ICE-Ticket war, das er sich gewünscht hatte. Denn eigentlich wollte er noch vor 18 Uhr, wenn die Wahllokale zumachten, die Bundeskanzlerin sprechen, um ihr sein Anliegen – welches auch immer das war – vorzutragen.

Am Ende verschwand auch er einfach so.
Was aus ihm geworden ist – wer weiß?

... und dann lief alles ganz einfach

Rückkehrerin aus Costa Rica ohne Probleme nach Hause vermittelt

Das Schreiben des Konsulats in Costa Rica machte nicht gerade Mut. Eine Deutsche, die in ihre Heimat zurückgeschickt wurde, wurde da angekündigt. Lange Jahre schon war sie drogensüchtig und war in Costa Rica bereits in einer Klinik gewesen. Dort war sie durch ihr aggressives Verhalten aufgefallen, hatte sogar eine Krankenschwester tätlich angegriffen. Also ein schwieriger Fall – und das an einem Tag, an dem eine Aushilfe im Dienst war. Wieder einmal war Hektik gewesen, die bereits vorhandene Akte lag nicht vor, die Aushilfe wusste nichts über die Vorgeschichte.

Die völlig erschöpft wirkende Frau braucht erst einmal Ruhe, soviel war für die betreuende Mitarbeiterin klar. Also erst mal in den Ruheraum des Sozialdienstes, wo gedämpftes Licht herrscht und die Hektik des Flughafens ausgesperrt bleibt.

Ganz schnell schlief sie ein. Als sie erwachte, präsentierte sie sich als freundliche junge Frau, mit der man über ihre Wünsche und Probleme reden konnte. In der Flughafenklinik hatte man sie schon begutachtet: Voll unter Beruhigungsmitteln war dort die Diagnose. Offenbar wollte das Konsulat nicht riskieren, dass sie während des Fluges und nach der Ankunft in Frankfurt Probleme bereitete. Sie konnte reflektiert über ihre Krankheit sprechen und sich relativ gut selbst helfen.

Der Sozialdienst besorgte ihr noch eine Fahrkarte an den Ort, wo sie sich auskannte und auf die Hilfe von Freunden und Verwandten hoffen konnte. So löste sich ein „Fall", der vorher Hektik und Befürchtungen ausgelöst hatte, ganz schnell und unkompliziert. Noch nicht einmal der Termin bei der Drogenberatung, der vorsorglich abgemacht worden war, wurde gebraucht.

Von Bali an den Bodensee

Mancher weiß genau, wohin er will

Dass jemand die Trauminsel Bali verlässt und unbedingt an den Bodensee will, kommt auch nicht alle Tage vor. Doch genau das wollte der Mann, der eines Tages beim Sozialdienst vorsprach. Nun ja, ganz freiwillig hatte er Bali nicht verlassen. Aus welchen Gründen man ihn dort ausgewiesen hatte, wurde nicht ganz klar. Sehr klar aber war, wohin er wollte: In eine ganz bestimmte Unterkunft für Wohnungslose, die ihm schon bekannt war – eben am Bodensee. Dort, so seine feste Vorstellung, könnte er Arbeit finden, sich etwas aufbauen und genug Geld verdienen, um seine Familie nachzuholen. Denn in Bali hatte er Frau und Kind zurücklassen müssen. Der Bodensee war seine eigentliche Heimat, stellte sich heraus, dort hatte er noch Geschwister und Freunde und somit vielleicht gar nicht so schlechte Karten für seine Pläne.

Ob die sich erfüllten? Das werden die Mitarbeiterinnen vom Sozialdienst wohl nie erfahren. Sie machten ihn schon damit glücklich, dass sie ihm eine Fahrkarte an den Bodensee besorgten, damit er seinem Ziel in jeder Hinsicht etwas näher kommen konnte.

Obdachlos

Der Flughafen bietet nicht nur Tausenden von Menschen reguläre Arbeit und Einkommen. Er ist auch Aufenthaltsort für Menschen, die am Rand der Gesellschaft stehen. Menschen ohne Wohnung und Obdach, ohne Arbeitsplatz und soziale Bezüge haben in den weitläufigen Hallen der Terminals ihr Zuhause gefunden. Hier ist es warm, sie können auf eine gewisse Infrastruktur zurückgreifen, die ihnen ermöglicht, in der Anonymität unterzutauchen und nicht aufzufallen. Es gibt genug kostenlose Toiletten, die Möglichkeit, zu duschen und versteckte Plätze. Manch einer hat hier sein „Schlafzimmer" und sitzt woanders im „Wohnzimmer" mit anderen zusammen. Nicht zuletzt finden sich hier Verdienstmöglichkeiten.

Seit Fluggäste keine Flüssigkeiten mehr mit ins Flugzeug nehmen dürfen, ist das Flaschensammeln lukrativ geworden. Auch zu Essen findet sich immer etwas, was Fluggäste in der Eile vor dem Abflug wegwerfen. Gepäckwagen, die nicht an die Sammelstationen zurückgebracht werden, bringen pro Stück zwei Euro (an anderen Flughäfen ist es nur jeweils einer). Und manch einer hat sich darauf spezialisiert, verwirrten Reisenden die Automaten der Parkhäuser zu erklären und dafür oft das Wechselgeld einzunehmen.

Einfach ist das Leben für diese Menschen dennoch nicht. Wenn der Sicherheitsdienst sie aufgreift, müssen sie normalerweise des Hauses verwiesen werden. Ist der Betreffende jedoch krank, verwahrlost, psychisch auffällig oder hilflos – was angesichts ungesunder Ernährung und fehlender ärztlicher Versorgung häufig vorkommt – so bringen die Sicherheitsleute ihn zum Sozialdienst.

Neben „erster Hilfe" in Form von Verpflegung, Duschkarten und Kleidung ist hier vor allem Beratung gefragt. Im Gespräch versuchen die Mitarbeiterinnen die Situation zu klären und den Betroffenen erst einmal Orientierung zu ermöglichen. Kommen sie mit dieser Hilfe zur Selbsthilfe nicht weiter, greift die enge Vernetzung mit anderen Einrichtungen und Beratungsstellen kirchlicher und freier Träger sowie städtischer Stellen in Frankfurt. Dann müssen manchmal Unterkunftsmöglichkeiten in der Stadt gesucht, Kostenträger gefunden und weitere Begleitung in die Wege geleitet werden.

Ganz unten

Sechs Jahre am Flughafen und dann ein Dach über dem Kopf

Der alte Mann war völlig am Ende. Zwei Tage vor dem Jahreswechsel lag er versteckt unter einem Treppenaufgang neben einem Burger-Laden und war kaum ansprechbar. Sein einziger Besitz: eine Plastiktüte voll mit trockenen Brötchen. Die Sicherheitsleute des Flughafens hatten ihn entdeckt und den Sozialdienst informiert.

Aus eigener Kraft ging bei ihm gar nichts mehr, erkannten die Mitarbeiterinnen schnell. Sie versuchten, ihn erst einmal in ihre Räume zu bringen, um dort über mögliche Hilfen zu sprechen. Gut eine halbe Stunde dauerte es, bis sie ihn mit vielen Pausen in ihre Räume gebracht hatten. „Es war mitleiderregend, wie klein und zerbrechlich er wirkte in seinen zerrissenen schmutzigen Kleidern", erinnert sich Bettina Janotta. „Nur einen Kaffee, dann gehe ich wieder", so sein Wunsch. Schließlich ließ er sich darauf ein, dass er neue Kleider bekommen sollte, „damit Sie nicht so auffallen". Denn jeder der am Flughafen illegal lebenden wohnungslosen Menschen weiß, dass er dort eigentlich gar nicht sein darf. Unauffälligkeit ist das Wichtigste, will man den warmen Schlafplatz und die oft reichlich mit Essen gefüllten Abfallkörbe als Nahrungsquelle nicht verlieren. Mancher schleppt deshalb einen leeren Koffer mit sich herum, um als Reisender zu gelten. Wen die Sicherheitsleute aber sichtbar verwahrlost aufgreifen, verweisen sie in der Regel des Hauses. Es sei denn, es handelt sich um einen so hilflosen Menschen, wie im geschilderten Fall.

Ihn mit neuen Kleidern aus der vorhandenen Kleiderkammer auszustatten, erwies sich als schwierig. Dass nahezu alle Hosen und Pullover zu groß für den kleinen Mann waren, war das geringste Problem. Wozu gibt es schließlich Gürtel? Das Anziehen war das Problem. So schwach, wie er war, konnte er sich noch nicht einmal selbst die Schuhe oder die Hose ausziehen. Sich selbst zu waschen – keine Chance.

Schließlich halfen die Mitarbeitenden der Flughafenklinik ihm, sich zu waschen und die frischen Kleider anzuziehen. Seine Schuhe fielen fast von den Füßen, so zerschlissen waren sie. Und so kam er schließlich wieder ins Büro des Sozialdienstes, zwar gewaschen und gekämmt in sauberen Kleidern, aber mit blauen Plastiküberschuhen an den Füßen, wie sie die Chirurgen im Operationssaal tragen. „Ein trauriger und sehr anrührender Anblick", so Janotta. Sie hatte inzwischen eine Unterkunft für den alten Mann in Frankfurt aufgetan. Im Burghof, einer Einrichtung des Frankfurter Vereins für soziale Heimstätten e. V. für Menschen mit leichtem Pflegebedarf, war noch ein Bett frei. Doch immer noch wollte der alte Mann sich nur ein wenig ausruhen und dann wieder weiter. „Wir können niemandem unsere Hilfe aufzwingen", sagt die Leiterin des Sozialdienstes, weiß aber, dass ein Gespräch, freundliche Zuwendung und das Angebot konkreter Hilfe dann meist doch etwas bewirken. So war es auch hier. Einige Stunden und den ein oder anderen Kaffee später fragte er: „Wie war das mit dem Bett?"

Zu schwach, um selbst mit der U-Bahn in die Unterkunft zu fahren, sank er schließlich in ein Taxi, das die Mitarbeiterinnen des Sozialdienstes bestellt hatten. Sie hatten ihn noch mit einem viel zu großen Wintermantel ausgestattet. Als er abfuhr, schaute sein wirrer Haarschopf kaum über die Sitzlehne hinaus. Wenige Wochen später besuchte ihn Bettina Janotta in seiner Unterkunft und konnte erfreut feststellen, dass er sich dort gut eingelebt hatte. Er sagte: „Hier bleibe ich." Zwar besaß er immer noch nicht mehr als eine Hose und einen Pullover und den Wintermantel. Aber er war freundlich und gut gelaunt und hatte sich offenbar sehr gut in das Leben dort integriert. Für Bettina Janotta einfach nur schön: „Endlich einmal haben wir auch das gute Ende einer Geschichte mitbekommen."

Interview mit Hans-Dieter H. (77)

Sozialzentrum am Burghof, Frankfurter Verein für soziale Heimstätten e.V.

Herr H., Sie haben sechs Jahre lang am Frankfurter Flughafen gelebt. Warum?

Ich hatte keine Wohnung mehr, keine Arbeit und niemanden, wo ich hinkonnte. Dort war es immer warm, man konnte was zu essen finden und es gab immer einen Schlafplatz.

Wo haben Sie denn da geschlafen?

Ich war da, wo bei McDonalds die Bären waren (um Weihnachten herum standen vor dem Burger-Laden tanzende Bärenfiguren, Anm. der Red.). Da habe ich mir immer mal einen Big Mac geholt und einen Spezi. Geschlafen habe ich auf den Bänken dort. Da haben auch noch andere geschlafen. Manche haben furchtbar geschnarcht.

Hatten Sie denn immer genug Geld, um sich was zu essen zu kaufen?

Nicht immer. Wenn ich kein Geld hatte, habe ich manchmal bei einem Bäcker Brötchen bekommen. Und auch bei der Abfertigung unten am Bahnhof war jemand, der hat mir manchmal was zu essen gegeben. In einem der Zeitungsläden habe ich manchmal vorbeigeschaut und etwas Geld oder was zu essen bekommen. Zu trinken gab's manchmal was von amerikanischen Fluggästen. Die durften ja die Flaschen nicht mit ins Flugzeug nehmen. Da war auch schon mal eine halbe Gallone Whiskey dabei.

Wie sind Sie denn in Kontakt mit dem Sozialdienst gekommen?

Die sind zu mir gekommen, als ich unter einer Treppe saß. Da ging's mir nicht gut.

Und wie haben die Ihnen geholfen?

Die haben mir das Zimmer hier besorgt. Es ist ein großes Zimmer, ganz für mich allein. Und sie haben mich mit dem Taxi hierhergebracht. Hier ist es gut, hier will ich bleiben. Ich bin ja schon 77, aber ich laufe jeden Tag anderthalb Kilometer nach Bonames rein, kaufe dort Zigaretten und verkaufe sie hier im Haus an die, die nicht selber einkaufen können. Dafür kriege ich immer mal etwas Kleingeld und kann so ein bisschen Geld zurücklegen.

Wohnungslose Jobpendler

Geldverdienen am Frankfurter Flughafen – leben in Spanien

Der Frankfurter Flughafen wird gerne als „Jobmaschine" bezeichnet. Tausende von Menschen haben dort ihren Arbeitsplatz und finden so ihr Auskommen. Doch es gibt auch eine „Schattenwirtschaft", die armen und wohnungslosen Menschen ein Auskommen verschafft, das sie woanders nicht finden würden. So wie Joseph F., der schon lange seinen informellen Arbeitsplatz im Untergrund des Flughafens hat. Er führt seit Jahren ein Leben als Pendler zwischen Spanien und dem Frankfurter Flughafen, wo er als eine Art Saisonarbeiter tätig ist. Im sonnigen Spanien, wohin er vor Jahren zog, weil ihm dort das Leben angenehmer erschien, wird manchmal das Geld knapp. Dann kratzt er die letzten Euros zusammen und kauft sich ein billiges Flugticket nach Frankfurt, um dort für zwei, drei Monate so viel Geld zu erwirtschaften, dass er im Süden davon wieder etliche Monate leben kann.

Wie er das macht? Sein „Arbeitsplatz" ist meistens der lange Gang, von dem aus die Fluggäste zu den Parkhäusern gelangen. Dort, an den Parkautomaten, steht Joseph F. bereit, um zu helfen, wenn wieder einmal jemand an der Technik verzweifelt oder schlicht die Anleitung nicht versteht. Hilfsbereit erklärt er die Funktionsweise der Automaten, hilft Knöpfe drücken und Tickets ziehen und hält schließlich die Türen auf, damit die Fluggäste mit ihren oft schweren Koffern zu den Aufzügen gehen können.

Viele Reisende sind so froh über die Hilfe, dass sie Joseph F. etwas Geld als Dank für seine Unterstützung in die Hand drücken. Nicht wenige verabschieden sich auch mit einem freundlichen Dankeschön, Thank You oder Merci und überlassen ihm das Wechselgeld, das der Automat ausspuckt. So kommt einiges zusammen. Sein gepflegtes Äußeres, seine freundliche Art und seine Kompetenz „in Sachen Parkautomat" helfen ihm dabei.

Dann gibt es noch die Fahrkartenautomaten am Bahnhof. Für Fremde sind sie eher noch komplizierter zu verstehen als die Parkautomaten. Auch dort hilft Joseph F. gerne und oft und freut sich über ein anerkennendes Trinkgeld.

Die Hilfe des Sozialdienstes hat Joseph F. noch nie in Anspruch genommen. Doch den Mitarbeiterinnen ist er bekannt wie so viele andere, deren Leben und Arbeiten sich Tag für Tag an dieser Drehscheibe des Luftverkehrs abspielt.

Seine Hilfsbereitschaft zahlt sich immerhin so weit aus, dass er nicht nur einige Monate in Frankfurt leben kann – Kosten für die Miete einer Wohnung fallen für ihn ja nicht an – sondern es reicht auch wieder für ein Ticket einer Billigfluglinie zurück nach Spanien und für die Unterhaltskosten, die dort für die nächsten Monate anfallen. Wie er dort lebt? Ob er Wohnung, Frau und Kinder hat oder dort als Wohnungsloser zufrieden lebt? Wer weiß es? Sicher ist nur eines: Wenn er gen Süden abhebt, dann plant er schon seine Rückkehr für eine neue „Saison" am Frankfurter Flughafen.

Interview mit Michael Müller

Mitglied des Vorstands und Arbeitsdirektor bei der Fraport AG

Welche Rolle spielt der Sozialdienst am Flughafen?

Das Engagement des Kirchlichen Sozialdienstes für Passagiere stellt für Fraport ein wichtiges Angebot für unsere Passagiere dar. Wenn etwa Fluggäste ihre Reisedokumente oder ihre Flugscheine verlieren und in anderen schwierigen Situationen hilft der Sozialdienst mit Rat und Tat. Darüber sind wir sehr froh, denn weder unsere Sicherheitsdienste noch die Informationsdienste können diese Aufgaben übernehmen. Wir wissen, dass auch die Fluggesellschaften und ebenfalls die Bundes- und Landesbehörden am Flughafen diese Arbeit sehr schätzen. Seit einiger Zeit ist ein Trend erkennbar, dass sich Menschen am Flughafen aufhalten, die als Nichtreisende klar erkennbar sind, etwa wohnsitzlose Menschen und Personen ohne festen Aufenthalt. Wir sind dem Sozialdienst sehr dankbar, dass er sich auch dieser Menschen annimmt, sie berät und betreut und versucht, für sie Lösungen zu finden.

Warum engagieren Sie sich für den Sozialdienst und wie?

Die Arbeit des Sozialdienstes mit seiner Unterstützung für Passagiere sowie seiner Ersthilfe für andere bedürftige Menschen ist für den Flughafen Frankfurt ein Qualitätssiegel. Im ständigen Dialog mit dem Sozialdienst, anderen beteiligten Firmen und Behörden wollen wir überlegen, wie nachhaltig diese Unterstützung sein kann und wie man die Missstände angehen kann, die überhaupt erst zu solch schwierigen Situationen führen. Dabei sind wir auch im Gespräch mit den Seelsorgern, die wiederum mit dem Sozialdienst kooperieren. Wie sehr wir diese Arbeit schätzen, zeigt sich auch darin, dass Fraport aktuell die Stelle einer Beraterin finanziert und dazu die notwendige Infrastruktur unterstützt. Fraport profitiert von den Leistungen des Sozialdienstes in gleichem Maße, wie dieser von der Unterstützung von Fraport profitiert. Eine Win Win-Situation, die am Ende zum Ziel hat, dass auch den betroffenen Reisenden und sonstigen Bedürftigen geholfen wird.

Wer hilft?

Um die 100 Beratungen im Monat leisten die Mitarbeitenden des Sozialdienstes. Diese können – je nach Schwere des Problems zwischen zwei Stunden und mehreren Tagen mit intensiver Begleitung dauern. Drei hauptamtliche Mitarbeiterinnen mit fachlicher Ausbildung stehen dafür zur Verfügung: Leiterin Bettina Janotta, Diplom-Sozialpädagogin, Diplom-Sozialarbeiterin Isabelle Haas und Diplom-Sozialpädagogin Melanie Aßmann. Daneben kümmern sich zehn ehrenamtliche Frauen und Männer um die Passagiere, die am Schalter 700.1 in der Abflughalle B Hilfe suchen. Oft können sie dort schon weiterhelfen. Treten größere Probleme auf, die sich nicht etwa mit einer kurzen Begleitung ans richtige Gate, mit einem informativen Anruf oder einer einfachen Auskunft lösen lassen, bringen diese Ehrenamtlichen die Passagiere ins Büro des Sozialdienstes.

Fragen an Karin Schmidt (64)

Ehrenamtliche Helferin am Schalter des Kirchlichen Sozialdienstes für Passagiere am Frankfurter Flughafen

Warum haben Sie sich das Arbeitsfeld Sozialdienst für Ihr ehrenamtliches Engagement ausgesucht?

Ich bin seit drei Jahren dabei. Damals war ich arbeitslos geworden und suchte nach 20 Jahren im Patientenmanagement einer Klinik wieder ein Betätigungsfeld, das mich mit Menschen zusammenbringt. Nachdem ich einen Bericht über den Flughafensozialdienst gelesen hatte, meldete ich mich dort und stieg dann in die Arbeit ein. Mir liegt der Kontakt zu Menschen, meine langjährige Erfahrung, bei der ich mir einen Blick für Menschen erworben habe, kam mir dabei zugute. Seitdem mache ich an einem Tag in der Woche Dienst am Schalter des Sozialdienstes in der Abflughalle.

Können Sie allen Menschen helfen, die zu Ihnen kommen und in welcher Form?

In 70 bis 80 Prozent der Fälle kann ich den Menschen weiterhelfen. Es sind ja nicht nur ganz schwierige Probleme, mit denen die Leute zu uns kommen. Ich gehe zum Beispiel manchmal mit Passagieren zum Airline-Schalter, wenn sie dort etwas zu klären haben. Ich bringe sie zum Infoschalter oder ans Gate, wenn ich das Gefühl habe, sie finden den Weg nicht alleine – etwa bei älteren Menschen. Kürzlich habe ich einem deutschen Reisenden weiterhelfen können, der in Mexiko lebt und seinen Vater in Deutschland besuchen wollte. Er hatte sämtliche Kreditkarten zu Hause vergessen und wollte nach Berlin. Da er nur noch wenig Bargeld bei sich hatte, kam eine Zugfahrt nicht in Frage. Der Fernbus wäre erst am nächsten Tag gefahren. Über das Internet habe ich dann für ihn eine billige Mitfahrgelegenheit gefunden. Wenn ich allerdings erkenne, dass die Probleme größer sind, dass etwa Kontakte zu Botschaften oder Konsulaten notwendig werden, weil Papiere nicht in Ordnung sind, oder das Sozialamt eingeschaltet werden muss, rufe ich im Büro an und übergebe den „Fall" an die professionellen Kräfte dort.

Sie erfahren nicht, ob eine Geschichte gut ausgegangen ist. Geht Ihnen das nach?

Manches geht einem schon nach, weil einem die Person leid tut. Ich erinnere mich an den Fall einer jungen schwangeren Mutter zweier Kinder, die zu ihren Verwandten in Deutschland wollte. Das eine Kind fieberte und sie war ziemlich verzweifelt. Ich muss immer mal wieder an diese Frau denken und hoffe dann, dass sie gut angekommen ist und das vorgefunden hat, was sie sich erhofft hatte.

Sie sind für eine Institution mit kirchlichem Träger – der evangelischen Diakonie – tätig. Welche Bedeutung hat der kirchliche Hintergrund für Sie?

Der ist wichtig für mich. Ich bin praktizierende Katholikin und auch in meiner Kirchengemeinde aktiv. Meine Arbeit hier hat auch ein christliches Fundament bei mir selbst. Ich frage allerdings nicht nach, welchen Glauben die Menschen haben. Es geht hier darum, den Menschen zu helfen, gleich, welchen weltanschaulichen Hintergrund sie haben.

Sie nehmen bei Ihrer Arbeit verschiedene Rollen ein: kirchliche Mitarbeiterin, Sozialberaterin, Flughafenkennerin. Wie vereinbaren Sie diese?

Diese Rollen sind ja miteinander verzahnt. Ich habe anfänglich viel lernen müssen, alles war sehr verwirrend. Aber mit der Zeit hat sich eine gewisse Routine eingestellt. Ich habe gelernt, wofür ich zuständig bin, was ich am Flughafen wo finde, wen ich ansprechen kann. Für mich ist es etwas Besonderes, dass ich morgens nie weiß, welche Menschen mit welchen Fragen am Tag bei mir auftauchen werden. Es ist spannend und herausfordernd, sich auf jeden Passagier mit seiner Mentalität einzulassen. Sehr schön ist es auch, dass die meisten Passagiere, denen ich helfen kann, sehr dankbar sind. Sie vermitteln mir meistens, dass sie den Dienst, den wir leisten, zu schätzen wissen.

Fragen an Melanie Aßmann (35, Diplom-Sozialpädagogin) und Isabelle Haas (31, Diplom-Sozialarbeiterin)

Hauptamtlich Tätige beim Kirchlichen Sozialdienst für Passagiere

Kommt es vor, dass Sie Menschen nicht weiterhelfen können, die zu Ihnen kommen?

Haas: Es kommt schon vor, dass wir Wünsche und Erwartungen, die die Menschen haben, nicht erfüllen können. Aber im Allgemeinen können wir in irgendeiner Form tätig werden – sei es, dass wir selbst weiterhelfen können, etwa durch Unterstützung beim Umbuchen, durch Kontaktaufnahme zu Botschaften, Konsulaten und Beratungsdiensten oder auch mal nur durch Essen, Trinken und zur Ruhe kommen lassen.

Aßmann: Wir können natürlich nur im Rahmen unserer Möglichkeiten helfen und auch nur in dem Maße, in dem die Klienten unsere Hilfe annehmen. Wenn jemand in Panik ist, weil er den Anschlussflug nach Hause verpasst hat, weil er kein Geld oder seine Papiere verloren hat, werden manchmal auch Aggressionen freigesetzt. Wir hatten schon Klienten, die sich in unserem Büro schreiend auf den Boden warfen.

Was können Sie in so einem Fall tun?

Aßmann: Wir versuchen, erst einmal Entlastung zu schaffen, indem wir uns das Anliegen schildern lassen. Dass ihnen hier jemand zuhört und sich bemüht, ihr Anliegen zu verstehen und Schwierigkeiten zu lösen, wirkt oft beruhigend. Uns kommt es vor allem darauf an, den Menschen die Wege dahin aufzuzeigen, wo sie Hilfe bekommen können und wo sie sich selbst weiterhelfen können.

Fehlt Ihnen manchmal das Ende der Geschichte?

Haas: Wir haben es ja mit erwachsenen Menschen zu tun, die in ihrem Leben sonst zurechtkommen. Wenn wir Ihnen geholfen

haben, so weit wir das hier in unserem Arbeitsfeld Flughafen können, dann können wir sie auch gehen lassen und ihnen die Verantwortung für ihr Weiterkommen zurückgeben. Als Sozialarbeiterinnen haben wir gelernt, eine professionelle Distanz zu wahren.

Spielt die Tatsache, dass der Träger der Einrichtung eine kirchliche Organisation ist, in Ihrer Arbeit eine Rolle?

Haas: Natürlich empfinden die Menschen es als positiv, dass sie hier einen Schutzraum geboten bekommen. Dass dies keine staatliche Stelle oder gar die Polizei ist, öffnet die Menschen auch. In unserem Gästebuch finden sich Einträge, die uns zeigen, dass die Menschen sehr wohl wahrnehmen, dass die Einrichtung einen kirchlichen Hintergrund hat.

Aßmann: Menschen finden eher den Weg zu uns, weil die Kirche ein Ort ist, an dem sie sich Hilfe erhoffen. Falls jemand speziell seelsorgerliche Hilfe sucht, verweisen wir die Person an die Kolleginnen und Kollegen von der Flughafenseelsorge, die ja gleich nebenan ihre Räume haben.

Erreichen Sie mit Ihren Bemühungen immer das, was Sie wollen?

Haas: Da sind wir oft in einer Zwischenposition. Wir haben hier nur die direkte Reaktion des Klienten. Wenn wir etwa Kontakt mit Botschaften und Konsulaten suchen, liegt die letzendliche Entscheidung nicht bei uns. Wir können auch keine Airline dazu zwingen, eine Umbuchung ohne große Kosten vorzunehmen. Wir bemühen uns aber, im Fall, dass Passagiere tatsächlich völlig mittellos sind, trotzdem weiterzuhelfen. Da gibt es ein vertrauensvolles Verhältnis zu den Airlines.

Aßmann: Es ist ja schwer für die Menschen, wenn sie um jedes Telefonat, um Essen oder Trinken bitten müssen. Manche schämen sich auch, um Hilfe zu bitten. Da sind viele froh, dass sich jemand hier einfach so um sie kümmert.

Was schätzen Sie besonders an Ihrer Arbeit?

Haas: Natürlich ist es schön, Menschen helfen zu können. Mir gefällt die Vielfalt der Arbeit, die ja nie planbar ist, der Kontakt zu den unterschiedlichen Organisationen. Die ehrenamtlich Mitarbeitenden, die ganz unterschiedliche berufliche Hintergründe und Kompetenzen mitbringen, auch ganz unterschiedlich alt sind, empfinde ich als große Bereicherung.

Aßmann: Die kollegiale Zusammenarbeit hier ist sehr gut. Der fachliche Austausch etwa ermöglicht es auch uns selbst, bei schwierigen Fällen Entlastung zu finden.

Aus dem Gästebuch

Manche verschwinden einfach so, andere verabschieden sich mit einem freundlichen Winken und einem Dankeschön. Wieder andere – wenn auch wenige – melden sich später noch einmal, wenn alles vorbei und sie gut dort angekommen sind, wohin sie wollten.

Vor allem bei Begleitungen über mehrere Tage hinweg und wenn Kinder mit betroffen sind, werden auch schon mal Fotos gemacht, die dokumentieren, dass trotz Verzweiflung und Panik auch noch gelacht werden kann. Im Büro von Bettina Janotta hängt ein Ölgemälde, mit dem eine kubanische Künstlerin die Hilfe „bezahlt" hat.

Und nicht zuletzt zeugt ein Gästebuch von der großen Dankbarkeit derer, denen geholfen wurde.

Aus dem Gästebuch:

Achten Sie auf die Lücke zwischen Bahnsteigkante und Zug …
Knochen gebrochen … Flug verpasst, Hotline-Gewitter, Ticket futsch,
20 Stunden Odyssee und ein paar Engel, die das alles in ein wunderbares
Ende umgebogen haben. Dank Ikea-Decke, Antiterroristenausweis, Ticket
vermittelt und so viel gelächelt. Fast wie die Leute auf Bali …
Dankbarkeit und Staunen. Ein Grund, wieder nach Deutschland zurückzukommen sind Leute wie hier.
Danke!

Sehr geehrte Frau ...

R. ist endlich gut hier angekommen. Ihr Flug ist sogar 15 Minuten früher gelandet und wir sind dann erst gegen Mitternacht hier zu Hause angekommen.
Ich möchte mich nochmals recht herzlich bei Ihnen bedanken für alles, was Sie für meine Tochter gemacht haben – ich weiß es sehr zu schätzen. Sie hat mir erzählt, wie Sie R. mit Trinken und Essen versorgt haben usw. Die Worte Danke schön scheinen wo wenig aber sagen so viel – Sie und Ihre Kolleginnen sind wahre Engel!
Vielen vielen Dank für eure Hilfe. Ohne eure Hilfe hätte ich nicht gewusst, wie es weiter geht. Vielen Dank ist zu wenig für euch. Ich will mich noch viel mehr bedanken.

Hallo liebe nette Frau J., Frau H.,
lieben herzlichen vielen Dank. 1000 Dank, Sie waren mir eine sehr große Hilfe. Sie sind alle hier super. Danke, danke, danke ...

You have touched my life in an unforgettable way.
Sie haben mein Leben in einer unvergesslichen Weise berührt.

I'm glad that this office exists.
Ich bin froh, dass es dieses Büro gibt.

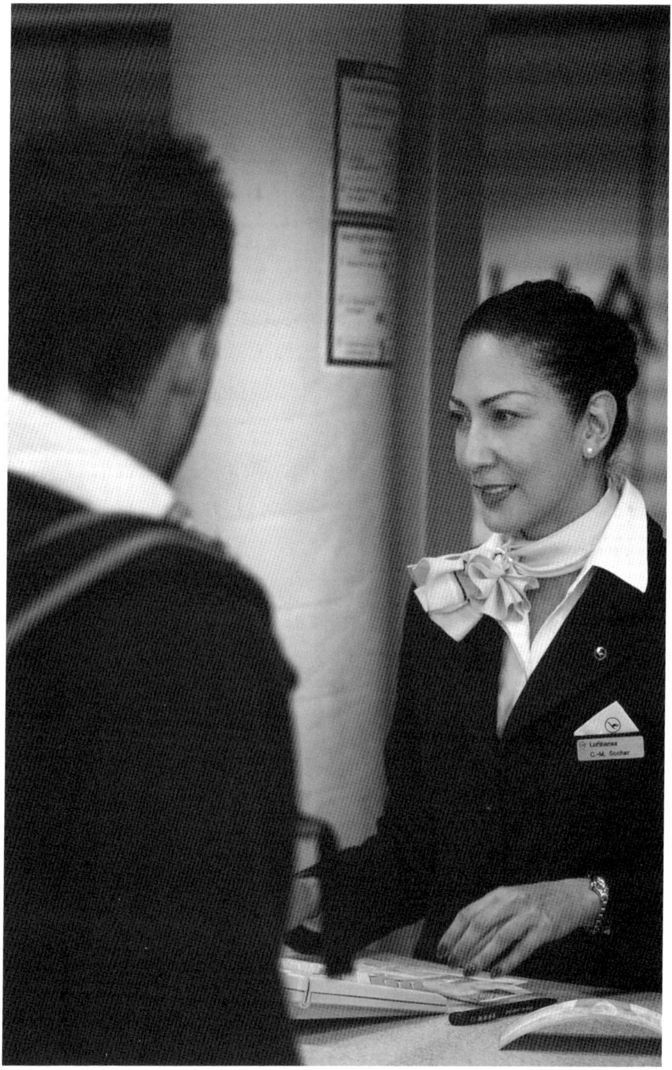
Lufthansa

A desperate passenger who lost everything but could smile because of you.
Ein verzweifelter Passagier, der alles verloren hat, der aber durch Sie wieder lächeln konnte.

Couldn't imagine that you will be so helpful. I was going trough a very hard moment, thank you for your patience with me, your kindness, very very thank you.
Ich konnte nicht glauben, wie hilfsbereit Sie waren. Ich habe wirklich einen harten Augenblick durchlebt, danke für Ihre Geduld mit mir, Ihre Freundlichkeit, vielen vielen Dank.

Thank you guys very much for your assistance. Your service is incredible and I believe all this happened for a reason. I'm glad through you guys I could go to Kassel. Keep doing what you doing because it changes lifes. I wish you blessings from the man above. Thank you for the meal, drinks and calls I could make. With loads of love from the Namibian girl that lost her wallet.
Vielen Dank an euch, liebe Leute, für eure Unterstützung. Euer Dienst ist so unglaublich und ich glaube, dass das alles einen Sinn hat. Ich bin froh, dass ich durch euch nach Kassel fahren konnte. Macht das, was ihr tut, weiter, denn es ändert Leben. Ich wünsche euch Segen von dem Mann dort oben. Danke für Essen und Trinken und für die Anrufe, die ich machen konnte. Mit Bergen von Liebe von dem namibischen Mädchen, das seine Brieftasche verloren hatte.

October 2, 2014

Dear Social Service:

Thank you so much for your timely, professional intervention which has resulted in our ability to board our plane to our destination of Nicaragua. We would like to express a very special thanks and recognition to Ms. Bettina Janotta for maintaining a very focused and dynamic group of staff.

Thank you so much for your help.

Sincerely,

I never forget your help for me because I knew no one here and you give ma a hand in bad situation I am. I keep you in my heart and I say many thanks.
Ich vergesse Ihre Hilfe niemals, weil ich hier niemanden kannte und Sie mir die Hand in einer schwierigen Lage reichten. Ich behalte sie in meinem Herzen und sage vielen Dank.

Thank you so much for putting up with my blubbering self today. Love you both so much – it's made me realise that there are still amazing people everywhere.
Ich danke Ihnen so sehr, dass Sie mein flennendes Ich heute wieder aufgerichtet haben. Ich liebe Sie beide – durch Sie habe ich gespürt, dass es doch überall erstaunliche Menschen gibt.

Thank you so much for all this help when I don't have anything left to lose ... people get weak and need to have someone's help. And both of you were here for me and helped me allway to me to going back USA! Thank you for all that. And come to NYC sometime around? You are always welcome to visit NYC and I will buy you a breakfast. Thank you again.
Dank für all diese Hilfe, als ich nichts mehr zu verlieren hatte ... Menschen werden schwach und brauchen von irgendjemandem Hilfe. Und Sie beide waren für mich da und halfen mir zurück in die USA zu kommen! Danke für das alles. Kommen Sie irgendwann einmal nach New York City? Sie sind immer willkommen New York City zu besuchen und ich werde Ihnen ein Frühstück spendieren. Noch einmal danke.

DANKE.
 für dusche,
 koffein
 und schnitzel.
IHR SEID TOLL.

ihr scheint hier einen phantastischen job
zu erledigen. auch wenn ich nicht,
wie vorangegangen, eine chilenische hunde-
besitzerin mit aggressiver nachbarskatze bin,
sondern nur eine deutsche durchreisende,
so darf ich die vorgängerin dennoch
zitieren:

SOMETIMES WE FEEL SO TINY
AND LONELY IN THIS HUGE WORLD /
AIRPORT.

danke dafür, mir mit erbsen
und aufmerksamkeit
die angst zu nehmen.

 ♡ sonja r.

ich danke Ihnen immer
geholfen haben und
wen ich Reich werden
ist helfe ich auch gerne
aber weich nicht wann ist
Ja was soll ich noch zu sagen
ich wunsch Ihnen alles gute
und noch mal Viellen danke
den 12.7.2013. Am freitag